Isabelle Darras

Une recette pour gagner

AF177564

Ernst Klett Verlag
Stuttgart · Leipzig

Table des matières

1. Auflage   1   6   5 | 2023   22

Alle Drucke dieser Auflage sind unverändert und können im Unterricht nebeneinander verwendet werden. Die letzten Zahlen bezeichnen jeweils die Auflage und das Jahr des Druckes.

Illustrationen: Sepp Buchegger, Tübingen.
Umschlag: Sabine Koch, Stuttgart.
Druck: Digitaldruck Tebben GmbH, Biessenhofen.
Printed in Germany.
ISBN 978-3-12-591861-0

Liebe Schülerinnen und Schüler!

Lesen sollte vor allem Spaß machen. Deswegen findet ihr in *Une recette pour gagner* nicht nur ein spannendes Thema, sondern ihr werdet auch einen lebendigen Einblick in den Alltag französischer Jugendlicher erhalten.

Ihr werdet feststellen, dass die Sprache in dieser Geschichte anders klingt als die, der ihr in eurem Schülerbuch begegnet seid. Französische Jugendliche benutzen nämlich gerne das *français familier*, die Umgangssprache.

Hier sind ein paar typische Merkmale des *français familier*:

- Vokale werden oft verschluckt: z.B. *t'as oublié le gâteau* statt *tu as oublié le gâteau* (S. 7).

- Bei Verneinungen fällt das *ne* oft weg: anstelle von *je n'ai pas envie* heißt es *j'ai pas envie* (S. 9).

Wir wünschen euch viel Spaß mit *Une recette pour gagner*!

Avant la lecture

1. La couverture *(Umschlag)*

a) Regardez le dessin. Décrivez-le.
b) Faites des hypothèses sur l'histoire.

2. Le titre

a) Lisez le titre du livre. Faites un mind-map à partir
   du mot « recette ».
b) Qu'est-ce qu'« une recette pour gagner » ?
   Donnez un exemple.

3. Dans le livre

a) Ouvrez le livre, regardez les images et lisez la quatrième
   de couverture *(Rückentext).* Que savez-vous déjà sur
   l'histoire ?
b) Lisez les titres de la table des matières (page 2).
   Quelles informations donnent ces titres sur l'histoire ?
c) Où se passe l'histoire? Feuilletez *(blättert durch)* le
   livre et trouvez des indices *(Indizien)* dans les sous-
   titres *(Untertitel).* Cherchez ces villes sur une carte de
   France. Etes-vous déjà allés dans l'une d'elles ?

1. Préparer

Maxime Bedouet, Toulouse
Dans la cuisine, Maxime attend. Sa grand-mère reprend
un morceau de gâteau au chocolat. Il demande :
– Alors ?
– Tu veux vraiment mon avis, Max ?   5

Maxime fait oui de la tête. Ses grands yeux gris-bleu disent
qu'il est un peu stressé. Il est trop tard pour penser à
une autre recette. Demain, il prend le train pour Lyon et
dans deux jours, c'est la finale du « Concours des jeunes
toques ». Pour gagner, il doit faire le meilleur gâteau au   10
chocolat.
– Ta recette est géniale. L'orange, c'est fantastique avec le
  chocolat noir !
– Tu crois ?
– Dis donc, c'est si important ce concours pour toi ? Tu   15
  veux vraiment quitter Toulouse, arrêter le lycée et aller
  en apprentissage à Lyon chez Bruno Ferrandi, le grand
  chef cuisinier ?

---

2 **reprendre** noch mal von etw. nehmen – 10 **une toque** Mütze – 10 **Concours des
jeunes toques** Wettbewerb für junge Köche – 10 **gagner** gewinnen – 15 **dis-donc**
sag mal – 16 **aller en apprentissage** *m* eine Lehre machen

Depuis des semaines, Maxime réfléchit beaucoup. Il a 16 ans et il ne veut pas perdre son temps. S'il gagne le concours, son père va enfin respecter sa passion pour la cuisine. Apprendre le métier de cuisinier avec un grand
5 chef français, c'est aussi bien que faire des maths à l'université.
– Tu ne fais pas tout ça contre ton père, hein ?
En ce moment, Maxime ne parle pas à son père. Chaque discussion finit en dispute. Son père sait bien qu'il a gagné
10 la finale régionale et qu'il est le meilleur jeune cuisinier du Sud-Ouest. Mais, pour lui, ce n'est pas important : son fils doit devenir ingénieur ou bien directeur de banque… Et il lui répète toujours :
– Dans la vie, il faut avoir de l'ambition !
15 Maxime en a, de l'ambition, mais il n'aime pas les maths, il préfère cuisiner ! Alors, Maxime pense à sa mère qu'il ne voit pas souvent depuis le divorce de ses parents. Elle voyage beaucoup pour son travail. Elle lui dit toujours :
– Choisis un métier qui te plaît vraiment ! Tu dois être
20 heureux !
La grand-mère de Maxime a deviné qu'il pense à sa mère.
– Maxime, tu m'écoutes ?
– Excuse-moi, mamie !
– Tu sais, la cuisine, tous les jours, c'est dur !
25 – Oui, mais j'aime ça, et c'est un peu à cause de toi !
– Si tu veux, je viens avec toi à Lyon… Mais je suis bête : Léa part sûrement avec toi, non ?
Silence. Elle continue.
– Elle est jolie, cette fille !
30 Maxime est avec Léa depuis six mois. Mais la cuisine n'intéresse pas trop Léa. Elle aime la danse, la salsa, le rock, le flamenco…
– Vous vous êtes disputés ?

---

3 **avoir une passion pour qc** eine Leidenschaft für etw. haben – 6 **une université** Universität – 11 **le Sud-Ouest** Südwesten Frankreich – 21 **deviner qc** etw. raten

– Mais non, j'ai juste envie d'y aller seul ! Je peux me
débrouiller. En plus, je vais dormir chez Sébastien !
Maxime embrasse sa grand-mère. La vieille dame a 70
ans, mais elle est son meilleur coach. C'est elle qui lui a
parlé du « Concours des jeunes toques ». Et c'est aussi elle   5
qui a organisé le séjour à Lyon de Maxime et de ses deux
copains Karim et Fanny : ils vont dormir chez Sébastien,
l'oncle de Maxime. Karim et Fanny participent aussi au
« Concours des jeunes toques ». Comme Maxime, ils ont
chacun gagné une finale régionale, Karim à Lille et Fanny   10
à Nice. En fait, ils ne se sont jamais rencontrés, mais ils
discutent ensemble sur le forum Internet du concours
depuis trois mois et ils sont devenus les meilleurs amis du
monde. A Lyon, les trois copains vont se rencontrer pour
la première fois.   15

Fanny Fabiani, Nice
Fanny range ses vêtements dans son petit sac à dos. Doit-
elle y mettre aussi son pantalon blanc ? Ou sa jupe bleue ?
Non, plutôt le pantalon. Ouf ! Ses bagages sont enfin prêts !
Sur son lit, Fanny pense encore à sa recette de gâteau au   20
chocolat et aux bananes. Elle réfléchit surtout à la forme
de son gâteau. Pour elle, un bon gâteau doit aussi être
beau. Fanny a lu une interview du chef Olivier Martin sur
Internet. Elle a noté sur son cahier une de ses réponses :
« *C'est la peinture qui m'aide le plus à cuisiner… Ce sont*   25
des couleurs, des formes… Je fais des croquis […], la recette
vit dans ma tête, je la dessine et c'est fini. La recette est
faite. » Génial.
Mais le téléphone sonne, trop fort, comme toujours. Fanny
répond. C'est sa mère qui l'appelle encore une fois.   30
– T'as oublié le gâteau de madame Raymond ?
– C'est bon, je descends.

---

8 **participer à qc** an etw. teilnehmen – 14 **se rencontrer** sich treffen – 23 **un chef**
ici Küchenmeister – 25 **la peinture** *ici* Mahlen – 26 **un croquis** Skizze – 27 **vivre**
leben – 27 **dessiner** zeichnen – 32 **C'est bon !** *ici* Ist ja schon gut!

Un jour, bientôt, Fanny va partir. Elle n'a plus envie de vivre avec sa mère, sa tante et sa cousine qui habitent et travaillent ensemble. Ici, tout le monde connaît le restaurant des Fabiani dans le quartier du Vieux Nice. C'est
5 le rendez-vous de toute la ville depuis trois générations. Leur maison est au 1er étage. On n'y a jamais vu d'hommes, seulement des femmes et leurs filles.

– Oh, ça fait une heure qu'on t'attend ! Pour ça, c'est sûr, toi et moi, on n'est pas pareilles ! crie sa mère quand elle
10 la voit arriver.

Fanny ne répond pas, elle le sait, elle est « tout le portrait de son père ». Mais Fanny ne connaît pas son père et sa mère ne veut pas lui dire qui il est.

– Quand est-ce que tu vas chez le coiffeur ? On te parle et
15 on voit pas tes yeux ! C'est énervant !

– C'est un anniversaire ? demande Fanny comme si elle n'avait pas entendu.

– Combien de fois je dois te le dire ? Oui, elle a 100 ans, madame Raymond !

20 Fanny dessine un bateau sur un très gros gâteau rose.

– Tu peux pas faire des fleurs ? demande sa tante.

La fille ajoute des fleurs dans la mer. La tante Estelle ne dit rien et montre le dessin aux autres.

– Elle est folle ou quoi ? s'énerve sa mère.

25 – Elle doit être amoureuse ! explique la cousine Justine, sûre d'elle.

– On parle pas la bouche pleine ! crie Fanny à Justine qui est toujours en train de manger un petit quelque chose.

– C'est qui ? demande la tante qui s'intéresse toujours
30 beaucoup aux histoires d'amour des filles de la famille.

– A Lyon, elle va dormir chez un garçon. Comment il s'appelle déjà ? répond Justine.

Fanny est furieuse. Avec sa cousine, elles sont comme chien et chat. Mais elle doit se calmer.

---

5 **une génération** Generation – 15 **énervant** ärgerlich – 16 **comme si** als ob – 27 **la bouche pleine** mit vollem Mund – 30 **une histoire d'amour** Liebesgeschichte

– Tu dis vraiment n'importe quoi. Tu penses toujours à ça.
Moi, je veux rester libre ! Toi, si tu veux trouver le prince
charmant, arrête de manger des gâteaux !
– C'est à cause de Luc ? se venge Justine. Pourquoi tu as
toujours sa photo dans ton portefeuille ? 5
Fanny fait comme si elle n'avait rien entendu. Elle a oublié
Luc depuis longtemps. Luc, son look de surfer, ses yeux
bleu océan. Il a quitté Fanny il y a des mois et elle sait
maintenant qu'elle est bien mieux toute seule.
– Et tu vas à Lyon parce que tu aimes la cuisine peut-être ? 10
demande maintenant Justine. Ici, on ne te voit jamais.
On sait bien, nous, que tu détestes ça.
– Pas vrai ! J'ai pas envie de travailler ici. C'est tout.
– Pff, le concours, c'est… comment dire ? continue Justine.
Pas le plus important… 15
Fanny ne veut plus répondre. Cette ambiance de femmes
l'énerve tellement. Fanny n'a pas du tout envie de devenir
comme elles. Elle écrit « Joyeux anniversaire » sur le gâteau
et quitte la cuisine sans un mot. Elle se dépêche d'aller
sur Internet. Au moins, avec Maxime et Karim, elle peut 20
discuter.

Karim Lay, Lille
6 h 00. Le réveil sonne, et, comme toujours, Karim voudrait
continuer de dormir. Dans l'autre lit, son frère dort encore.
Karim se lève enfin. Au même moment, madame Lay 25
rentre du travail. Elle est journaliste à la radio et présente
les informations de la nuit. Avant de rentrer à la maison,
elle a vu son mari qui est à l'hôpital depuis plusieurs
mois. Karim boit un café avec sa mère. Il lui demande des

---

1 **dire n'importe quoi** Blödsinn erzählen – 2 **libre** frei – 2 **le prince charmant**
Märchenprinz – 4 **se venger** sich rächen – 8 **bleu océan** ozeanblau – 0 **C'est
tout !** *ici* Das ist alles! – 19 **se dépêcher de faire qc** sich beeilen, um etw. zu tun
– 20 **au moins** zumindest – 23 **un réveil** Wecker – 29 **demander des nouvelles de
qn** sich nach jdm erkundigen

nouvelles de son père et, comme chaque matin, madame Lay interroge Karim :

– Et toi, ça va ? Tout marche comme tu veux ?

Karim répond qu'il va bien. Sa mère a déjà assez de soucis
5 avec son père, alors il ne veut pas l'embêter avec ses problèmes.

Après une heure de bus et de métro, le garçon arrive sur la Grand Place de Lille. Depuis six mois, il est en apprentissage dans le meilleur restaurant de la ville,
10 « L'Assiette du Nord ». Au début, il était super content et très fier. Mais il a vite déchanté. D'abord, il y a vraiment une mauvaise ambiance à « L'Assiette du Nord ». Ensuite, monsieur Alain, le chef, ne veut rien lui apprendre. Pour lui, un apprenti, ça ne coûte pas cher, c'est tout ! Karim
15 travaille dur toute la journée pour un tout petit salaire. « Apprendre un métier à 16 ans, c'est peut-être trop tôt ? Ou alors, la cuisine n'est peut-être pas un métier pour moi ? » pense Karim. Mais il sait très bien que c'est tout le contraire. Il adore la cuisine depuis toujours. A cinq
20 ans, il préparait déjà avec sa mère tous les repas de fête, le couscous et les gâteaux.

– Alors, t'es prêt ? lui crie monsieur Alain. Le concours, c'est bientôt ! Faut réviser, hein ?

Karim a envie de crier à monsieur Alain qu'il se fout du
25 « Concours des jeunes toques ». Son chef lui prend la tête tous les jours avec ça. La seule chose qui intéresse Karim, c'est de passer deux jours à Lyon, loin du restaurant et avec ses deux nouveaux potes, Maxime et Fanny. Ils sont beaucoup plus motivés que lui pour gagner, mais il
30 s'entend super bien avec eux et leur écrit tous les jours au cybercafé pendant sa pause, l'après-midi.

---

3 **Tout marche comme tu veux ?** Alles läuft, wie du es dir vorgestellt hast? – 5 **embêter qn** *fam* jdn nerven – 8 **la Grand Place** *großer Platz in Lille* – 10 **au début** am Anfang – 11 **déchanter** seinen Ehrgeiz zurückschrauben – 12 **L'Assiette du Nord** *Name des Restaurants* – 16 **un,e apprenti,-e** Lehrling – 23 **hein ?** *fam* ja? – 24 **se foutre de qc** auf etw. pfeifen – 25 **prendre la tête à qn** *fam* jdm auf die Nerven gehen – 28 **un pote** *fam* Kumpel – 29 **motivé,e** motiviert

2. Voyager

Arrivée à Lyon
Maxime

Le TGV arrive à la gare de Lyon Part-Dieu, Maxime se dépêche de descendre. Il vient de passer cinq heures dans le train et il en a marre ! Il n'a même pas pu lire : il a oublié 5 ses magazines de cuisine dans la voiture de sa grand-mère. Il les achète chaque mois pour les recettes, mais aussi pour les photos des recettes. Il adore photographier ses recettes, mais il trouve que ses photos ne sont jamais aussi belles que celles des magazines. 10
Pour la première fois, Maxime voyage seul. Il se sent très heureux et tellement libre. Il adore Lyon. Il vient souvent chez son oncle Sébastien qui est un homme génial. C'est un créatif : il dessine des bouteilles de parfum et vit dans un vieil immeuble rose au bord de la Saône. Il est bien plus 15 cool que le père de Maxime.
Maxime traverse la gare qui est pleine de monde. Il a donné rendez-vous à Karim et Fanny sous l'horloge. Maxime se dépêche. Il déteste être en retard.

Fanny 20

A la terrasse du café, Fanny n'a pas encore fini son jus d'orange. Elle regarde autour d'elle les tours, les tramways, les banques, les hôtels et tous les gens qui sortent de la gare. Elle est déjà en train de faire des dessins sur son cahier. Dans son sac, Fanny a toujours un cahier, un gros 25 feutre noir et son lecteur MP3 avec toutes les chansons de Miossec, de Cali, de Diam's. En ce moment, le paradis, pour elle, c'est de dessiner et d'écouter un vieux titre d'Olivia Ruiz, « J'aime pas l'amour ».

---

3 **Lyon Part-Dieu** *ein Stadtviertel in Lyon* – 15 **un immeuble** Gebäude – 15 **la Saône** *einer der beiden Flüsse, die durch Lyon fließen* – 18 **une horloge** Turmuhr – 22 **un tramway** Straßenbahn – 26 **un feutre** Filzschreiber – 26 **un lecteur MP3** MP3-Spieler – 27 **Miossec, Cali, Diam's** *frz. Sänger und Sängerinnen* – 29 **Olivia Ruiz** *frz. Sängerin*

Tout à coup, elle voit un grand garçon aux cheveux blonds habillé à la dernière mode qui attend sous l'horloge de la gare.

– C'est Maxime, se dit Fanny. Je suis sûre que c'est lui. Je ne
5 pensais pas qu'il avait l'air si frimeur !

L'adolescente paie son jus d'orange. Quand elle se lève, le garçon sous l'horloge discute avec un autre garçon qui est tout le contraire de lui. Brun, les yeux noirs, sportif, un air sévère ou peut-être un peu timide. Fanny appréhende. Elle
10 a seulement discuté avec eux sur Internet. Elle traverse la place pour aller les retrouver quand son portable sonne. C'est sa mère.

– Mais oui, maman. Je viens d'arriver. J'allais t'appeler.

Fanny ment toujours un peu à sa mère qui veut toujours
15 tout savoir. Malheureusement pour elle, Fanny ment mal.

– Non, c'est vrai… Pas encore. Pourquoi est-ce que tu me parles de Justine ?… Oui, d'accord, je t'appelle quand nous sommes chez lui.

Au début, la mère de Fanny ne voulait pas laisser sa fille
20 aller seule à Lyon. Madame Fabiani ne voit pas que sa fille a 16 ans et qu'elle n'est plus une enfant. Maxime, puis la grand-mère de Maxime et enfin son oncle Sébastien l'ont appelée au restaurant pour lui donner toutes les informations, les numéros de téléphone, les adresses… et
25 madame Fabiani a enfin dit oui !

Fanny arrive près des deux garçons quand quelqu'un l'appelle. Elle ne rêve pas, elle n'est pas devenue folle : sa cousine Justine est là, devant elle.

– Surprise !
30 Les deux garçons tournent la tête vers Fanny et sa cousine.

– Tu ne m'attendais pas, hein ? demande la fille en jupe courte.

– Mais c'est pas vrai ! dit Fanny. La honte !

---

4 **se dire** = penser – 9 **timide** schüchtern – 9 **appréhender** Angst haben – 20 **voir**
ici = comprendre – 34 **La honte !** So eine Blamage!

– Merci, c'est sympa, moi qui suis là pour t'encourager…
– N'importe quoi ! Tu es venue me pourrir la vie, oui !
– C'est pas mon idée, répond la fille, vexée. C'est ta mère…
Exactement à ce moment-là, Maxime et Karim s'approchent des deux filles : 5
– C'est toi, Fanny ? demande Maxime à Justine.
Fanny n'a pas le temps de répondre.
– Oui, bien sûr, c'est moi ! Et toi, c'est Max ? répond Justine. 10

1 **encourager qn** *ici* jdn unterstützen – 2 **pourrir** *ici fam* verderben

Karim

Karim suit Maxime dans l'appartement de son oncle. Il n'a jamais vu un appartement aussi grand, aussi beau, aussi vieux. Quand il pense au petit quatre-pièces de ses parents
5 dans la banlieue de Lille, Karim se sent mal. L'appartement de Sébastien, l'oncle de Maxime, a quatre chambres, un bureau, un grand salon, deux salles de bains, une cuisine, et tout ça pour une seule personne !

– Voilà, c'est ta chambre ! dit le garçon à Karim. Laisse ton
10 sac. Viens, mon oncle nous invite au restaurant !

Karim n'est pas quelqu'un qui montre ses émotions. Mais il trouve Maxime encore plus sympa que sur Internet. Il est un peu frimeur, mais un gentil frimeur ! A la gare, il a vraiment été super. Il a discuté avec Fanny et trouvé une
15 solution : la cousine Justine reste à Lyon, chez l'oncle de Maxime, mais elle doit être discrète. Quel diplomate ! Maxime a sûrement du succès avec les filles !

A part ça, Karim le savait déjà un peu, Maxime et Fanny pensent beaucoup au concours. Maxime en rigole, mais
20 pour lui, c'est important, c'est sûr. Quant à Fanny, depuis le sketch avec sa cousine, elle est super stressée. C'est fou, elle ne joue pas sa vie demain !

C'est bizarre parce que Karim aimait bien discuter avec elle sur le Net, il la trouvait marrante. Mais là, il ne la
25 reconnaît pas. Est-ce qu'elle est seulement en colère contre sa cousine ? Est-ce qu'elle est comme ça, glaciale, un peu trop sûre d'elle ? C'est sûr, Fanny a toutes les chances de gagner : elle vit dans un restaurant depuis toujours. Pour elle, la cuisine, c'est facile !

30 C'est pareil pour Maxime. Toutes les semaines, il mange avec ses parents dans les meilleurs restaurants. A 16 ans, il est déjà allé à « la Tour d'Argent », l'un des meilleurs restaurants parisiens. Pour Karim, c'est au moins deux mois de salaire. Il ne va pas souvent au restaurant avec ses

---

2 **suivre qn** jdm folgen – 4 **un quatre-pièces** = un appartement de quatre pièces –
20 **frimeur,-se** Angeber,in – 22 **à part ça** ansonsten – 0 **quant à qn/qc** was jdn/
etw. angeht – 0 **jouer sa vie** sein Leben aufs Spiel setzen – 26 **glacial,e** eisig

parents, ou alors à « La Petite Bouffe » mais ce n'est pas de la grande cuisine.

En fait, Karim ne sait plus trop pourquoi il est là. Pour s'amuser… ou pour gagner ?

Karim pense alors à son père qu'il n'est pas allé voir depuis plusieurs jours. Pas le temps, pas l'envie de le voir malade. Mais il aimerait aller lui dire : « Papa, c'est génial, je vais apprendre mon métier chez Ferrandi ! » 5

3. Agir

Karim 10

7 h 00. Dans l'appartement, tout est calme. Maxime, Fanny et Justine dorment encore. Dans la cuisine, Karim boit un café avec Sébastien. Il y a du pain et des croissants chauds pour le petit-déjeuner.

– Alors, tu n'as rien dit, hier soir, au restaurant. Tu n'as pas 15
    trop aimé, c'est ça ? demande Sébastien.

Karim se demande s'il doit dire la vérité à l'oncle de Maxime. Bien sûr, il a aimé le restaurant. Comme Fanny, il l'a trouvé super beau. Comme Maxime, il a adoré manger dans un endroit dont tous les journaux parlent. 20

– Ben oui, c'était bon… mais sans plus. La cuisine était
    trop à la mode, pas géniale, quoi !

L'oncle de Maxime le regarde et sourit.

– C'est exactement mon avis, dit-il. Les journalistes ont
    exagéré, comme souvent. 25

Karim aime bien discuter avec Sébastien. Avec lui, on peut parler de tout. Il s'intéresse à Karim, pose des questions sur le restaurant où il travaille, sur sa vie à Lille. Hier, après le dîner, il a emmené les trois copains voir le restaurant de Bruno Ferrandi. 30

---

9 **agir** handeln – 21 **sans plus** das ist aber auch alles – 22 **quoi !** *fam Hier dient das Wort zur Verstärkung der Aussage* – 23 **sourire** lächeln – 29 **emmener** mitnehmen

– C'était une super idée ! Merci beaucoup ! répète Karim.
Je ne pense pas y travailler un jour, mais c'est un vrai
monument à voir !
– Pourquoi tu dis ça ? demande l'oncle de Maxime. Il faut
5   avoir confiance en toi. Vous êtes dix jeunes en finale.
Tu as les mêmes chances que Fanny et Maxime… Tu as
sûrement beaucoup de talent.
Le garçon ne répond pas. Fanny entre dans la cuisine :
– Bonjour ! Vous n'avez pas mangé tous les croissants ?
10 Elle a l'air d'avoir la pêche. Elle est de nouveau la fille
marrante et cool que Karim connaissait sur Internet. Hier,
le dîner au restaurant a détendu l'atmosphère, Fanny a
oublié sa mauvaise surprise à la gare et son stress. Après,
les trois copains ont passé une partie de la nuit à discuter
15 dans la chambre de Maxime. C'était encore mieux que sur
Internet, mais ce n'était peut-être pas très sérieux, juste
avant le concours.
– Non, Justine en a acheté plein, dit Sébastien.
– Je rêve, Justine est déjà debout ! s'étonne Fanny.
20 – Ben oui, je veux pas être un parasite pour vous ! dit
Justine qui arrive derrière elle. Je veux vous aider. C'est
une journée importante pour vous !
Fanny fait comme si elle n'avait pas entendu sa cousine.
– Ouf, je ne suis pas la dernière ! Maxime n'est pas encore
25 là !
– Je crois qu'il va bientôt arriver. Je l'ai entendu parler. Il
est sûrement au téléphone avec Léa ! dit Sébastien.
– Léa ? demande Fanny.
– Sa petite amie.

---

5 **avoir confiance en qn** jdm vertrauen – 10 **avoir la pêche** = être en forme –
12 **détendre l'atmosphère** f die Stimmung auflockern – 19 **Je rêve !** Ich glaube,
ich träume! – 19 **s'étonner de qc** sich über etw. wundern

Fanny
10 h 00, salle du concours

Fanny se demande si Maxime est malade. Depuis leur
arrivée dans la salle du concours, il n'a pas l'air bien.

– Maxime, ça va ?

Mais le garçon ne répond pas. Tout a commencé ce matin
au petit-déjeuner. Maxime est venu dans la cuisine et
n'a pas dit un mot. Il n'a même pas voulu manger un
croissant.

– C'est à cause du concours. Je peux rien manger, a
seulement dit le garçon.

Fanny a proposé de lui montrer des exercices de yoga
pour se calmer. Mais Maxime a dit que ça allait. Bien sûr,
Justine a aussi proposé un massage, mais le garçon n'a pas
voulu.

– Mademoiselle Fabiani, vous êtes ici, table n° 9. Vous
pouvez vous installer ! dit un homme en noir à Fanny.

Karim est de l'autre côté de la salle. Il est déjà prêt.

– Candidat n° 10, Maxime Bédouet, dit maintenant
l'homme en noir. Votre place est à côté de la demoiselle !

Maxime ne bouge pas. Son visage devient vert.

– Monsieur ? S'il vous plaît !

– Excusez-moi ! dit Maxime. J'ai oublié mon sac avec les
ingrédients de mon gâteau…

Silence dans la salle.

– C'est pas vrai ! pense Fanny.

Tout à coup, on entend quelqu'un qui essaie d'entrer dans
la salle.

– Mais, laissez-moi ! C'est important !

C'est Justine.

– Oh, non ! Pas elle ! pense Fanny.

Justine devait rester chez Sébastien et les attendre. Qu'est-
ce qu'elle fait là ?

_____

4 **une arrivée** Ankunft – 24 **un ingrédient** Zutat – 25 **le silence** Stille

– Maxime ! Maxime ! crie Justine. Laissez-moi entrer, s'il
vous plaît ! J'ai le sac de Max !
L'homme en noir se tourne vers Maxime :
– Vous avez de la chance ! Votre amie vous sauve !
5 Maxime réagit enfin et va chercher son sac. Justine a l'air
très fière d'elle.
– Bon, c'est parti ! pense Fanny. Allez les garçons, l'un de
nous trois doit gagner !

Maxime

10 L'heure tourne et Maxime voit bien qu'il est en retard. Il
déteste ça. Tous les autres candidats ont déjà presque fini
leur pâte. Maxime doit travailler plus vite. Qu'est-ce qui lui
arrive ? Quand il voit les membres du jury avec leur carnet
de notes, Maxime se dit qu'il n'a rien à faire ici.
15 Tout à coup, « il » est là, sans toque, mais en costume-
cravate, Ferrandi. Oui, c'est bien lui ! Bruno Ferrandi
traverse la salle et passe entre les candidats. Maxime
voudrait lui demander un autographe ou le prendre en
photo, mais ce n'est pas vraiment le moment. Quand le
20 chef passe derrière lui, le garçon est tellement nerveux
qu'il laisse tomber ses œufs. C'est la catastrophe. Bruno
Ferrandi demande :
– C'est une omelette ou un gâteau au chocolat que vous
faites, jeune homme ?
25 Le grand chef s'en va. Maxime est livide. A côté de lui,
Fanny le regarde, puis vient vers lui. Mais l'homme en noir
arrive tout de suite :
– Mademoiselle, vous ne pouvez pas aider ce garçon. C'est
le règlement !
30 Fanny retourne à sa place. Cette fois-ci, pour Maxime, le
concours est vraiment fini.

---

4 **sauver qn** jdn retten – 7 **C'est parti !** Los geht es! – 10 **l'heure tourne**
die Zeit läuft – 12 **une pâte** Teig – 13 **un carnet de notes** Notizbuch –
15 **un costume-cravate** Anzug – 21 **un œuf** Ei – 25 **s'en aller** = partir – 25 **livide**
leichenblass – 29 **le règlement** Regeln – 30 **cette fois-ci** diesmal

4. Attendre

Maxime

Dans le couloir, un homme offre une cigarette à Maxime, mais le garçon ne fume pas. C'est un choix. Quand on aime manger, on ne peut pas fumer. La vérité, c'est que
5 Maxime n'a envie de rien. Laisser tomber ses œufs devant Bruno Ferrandi, la honte ! Ce concours était si important pour lui. Maintenant, il peut oublier son projet.

Maxime pense à Fanny. Elle doit le trouver nul. Mais Fanny n'est pas comme les autres filles. Elle va comprendre. Elle
10 est une artiste, il le sent. Son petit copain a de la chance. Maxime a vu la photo du garçon dans le portefeuille de Fanny.

– Alors, c'est déjà fini ? demande un homme à Maxime.

– Pour moi, oui, j'ai eu un accident. Je voulais faire
15 un gâteau, j'ai fait une omelette. Mais les autres continuent…

L'homme rigole. Il se présente : James. Il est anglais et travaille comme rédacteur en chef d'un magazine gastronomique français.
20 – Un magazine ? demande Maxime.

– Oui, *Le Magazine des Gourmets.*

Maxime adore. Il a tous les numéros chez lui. Il interroge James et veut tout savoir sur tout. Alors le journaliste raconte aussi sa vie.
25 – Tu sais, quand j'avais 16 ans, pendant les vacances, je suis venu en France. J'ai fait plein de petits boulots dans des restaurants. J'ai vite compris que ce métier était trop dur pour moi. Alors, comme j'aimais aussi écrire, j'ai décidé de devenir journaliste gastronomique.
30 Maxime écoute James attentivement. Cet homme aime son métier. Maxime lui montre ses photos de cuisine.

---

18 **un,e rédacteur,-trice en chef** Chefredakteur,-in – 22 **un numéro** *ici* Ausgabe –
26 **un petit boulot** Gelegenheitsjob – 29 **décider de faire qc** sich entscheiden etw.
zu tun – 30 **écouter attentivement qn** jdm aufmerksam zuhören

– Pas mal du tout pour un garçon si jeune !
– J'ai seize ans !
– Est-ce que tu peux m'envoyer tes photos par mail ?
– Oui, bien sûr.
– Ça t'intéresse, un stage dans mon journal ? 5
– Génial ! Vous voulez un CV, une lettre de motivation ?
– Non, non… Je veux tes photos, c'est tout ! Chez moi, on
  a tous commencé comme stagiaire !
Le rédacteur en chef donne sa carte de visite à Maxime.
Puis il s'en va : il a rendez-vous avec Bruno Ferrandi pour 10
une interview.
Maxime se sent maintenant très en forme. Quand Karim
sort de la salle du concours, Maxime a déjà oublié son
accident devant Bruno Ferrandi. Il dit à son copain :
– Bravo, tu es le premier candidat qui a fini son gâteau. 15
– Après toi !
– Comment ? Tu n'as donc rien vu ?
– De quoi tu parles ?

Karim

C'est bizarre, Maxime n'est pas triste d'avoir été éliminé. 20
Pour Karim, c'est tout le contraire. Pendant le concours,
tout est devenu possible. Il a compris qu'il avait une
chance à saisir et que, s'il le voulait vraiment, sa vie pouvait
changer maintenant. Alors il a fait le maximum.
Maintenant, il faut attendre les résultats. Le garçon a mal 25
au ventre. Mais il sait aussi qu'il a fait le bon choix. La
cuisine, c'est sa vie. Il ne va pas tout arrêter à cause du
chef de « L'Assiette du Nord ».
D'autres cuisiniers arrivent pour la cérémonie de clôture
du concours. Certains chefs discutent avec les candidats. 30
Karim écoute un jeune chef parler avec Maxime.
– Faire la cuisine, c'est d'abord avoir envie de donner aux
  autres, explique le cuisinier.

---

3 **envoyer qc par mail** etw per Mail schicken – 20 **être éliminé,e** ausgeschieden
sein – 23 **saisir une chance** Chance ergreifen – 29 **une cérémonie de clôture**
Abschlusszeremonie

– Faut pas dire n'importe quoi, c'est pas la messe non plus !
répond un autre.
– Non, bien sûr, mais un bon cuisinier a envie de faire
plaisir aux autres, de partager ! C'est très important, ça !
5   Les chefs frimeurs, on les voit tout de suite. Leur cuisine
n'est pas bonne. Ils passent à la télé, dans les journaux,
mais ils ne sont jamais dans leur cuisine.
Karim est d'accord avec lui et se sent fier d'être apprenti
cuisinier.

10 *Fanny*
Ouf, Fanny a fini. Elle cherche ses copains, mais ne les
trouve pas. Elle se demande comment va Maxime. Elle
prend son portable et l'allume. Elle a quatre messages et
quinze appels en absence qui sont tous de sa mère. Elle ne
15 les écoute pas.
Le portable de Maxime ne répond pas. Alors, Fanny
s'installe dans un coin et commence à dessiner les gens
dans la salle, les chefs avec leurs toques.
Fanny pense à son gâteau. Elle a réussi la décoration : un
20 paysage africain. Elle est contente d'elle.
– Quel talent ! lui dit quelqu'un. Si la cuisine ne marche
pas, vous pouvez toujours dessiner…
Fanny ne répond pas. Elle sait qu'elle dessine bien, mais
elle n'est pas un génie. Elle voit enfin Maxime et Karim.
25 – Fais voir tes dessins ! lui demande Karim quand elle
arrive. Génial ! T'es super douée !
Fanny ne l'entend pas, elle regarde Maxime qui ne la voit
pas et qui continue de discuter avec un chef à côté de lui.

---

1 **une messe** *ici* Gottesdienst − 4 **faire plaisir à qn** jdm eine Freude machen −
13 **allumer** *ici* einschalten − 14 **un appel en absence** Anruf in Abwesenheit −
17 **un coin** Ecke − 25 **faire voir** = montrer − 26 **doué,e** begabt

5. Choisir

Karim

Dans quelques minutes, Bruno Ferrandi va donner le nom du candidat qui va travailler chez lui pendant un an. C'est long, cinq minutes, quand on attend ! Karim essaie de penser à autre chose. Demain, il rentre à Lille. 5
Il est pressé de tout raconter à sa famille : le TGV, le grand appartement, l'oncle de Maxime, Bruno Ferrandi. Il a beaucoup réfléchi pendant ces deux jours : il va rester à « L'Assiette du Nord » encore quelques mois pour avoir son CAP. Après, il fera sûrement un bac pro, mais ailleurs. Un 10 jour, peut-être, Karim sera lui aussi un grand chef comme Bruno Ferrandi !
Karim regarde Maxime qui est toujours en train de parler. Son copain n'a pas dit un seul mot à Fanny pendant tout l'après-midi. Il a discuté avec tout le monde sauf avec elle. 15 Pourquoi ?
Bruno Ferrandi va donner les résultats. Le cœur de Karim va exploser.

Fanny

Bruno Ferrandi parle et parle encore. Le grand chef énerve 20 Fanny. Il prend son temps et ce n'est vraiment pas drôle. La jeune fille va s'installer loin du public, près de la porte.
– Le premier prix du concours est… Karim Lay !
Fanny file vers les toilettes. Elle ne veut pas montrer aux autres qu'elle est triste. Elle ne va pas quitter Nice, son 25 soleil, ses plages et le restaurant de sa mère. Elle pense aussi à Karim, qui est sur la scène avec Bruno Ferrandi. Fanny essaie d'être contente pour lui. Quand elle pousse la porte des toilettes, quelqu'un pose sa main sur son bras. C'est Maxime. Le garçon la prend dans ses bras. Ils restent 30

---

6 **être pressé,e de faire qc** es eilig haben, etw. zu tun – 10 **un CAP** (= Certificat d'aptitude professionnelle) Facharbeiterbrief – 10 **un bac pro** (= un bac professionnel) *eine Art Fachabitur nach einer abgeschlossenen Ausbildung* – 17 **le cœur** Herz – 18 **exploser** explodieren – 24 **filer** = partir vite – 29 **poser** legen

tous les deux un bon moment, puis ils entendent Karim parler dans le micro.

– Je voulais aussi dire merci à Fanny et Maxime qui m'ont beaucoup aidé !

5 Maxime crie :

– Bravo Karim !

Karim explique que c'est le plus beau jour de sa vie.

– Je vais le dessiner, je peux pas manquer ça, dit Fanny.

Maxime lui sourit, son appareil photo déjà dans la main.

10 *Maxime*

Maxime regarde Fanny, ses mains qui dessinent, sa mèche de cheveux noirs qui cache ses yeux verts… quand quelqu'un le pousse :

– Alors, Max ? Tu ne m'as pas encore dit merci ?

15 C'est Justine, la cousine de Fanny, qui est toujours là quand on ne l'attend pas.

– Encore toi ! soupire Fanny.

– Qu'est-ce que tu fais là ? Tu devais pas… ? demande Maxime.

20 – Alors, j'attends ! dit Justine.

– Merci ! dit Maxime. Mais je n'ai pas…

Justine l'embrasse. Fanny s'en va.

– C'est pas grave. Pour moi, t'es le meilleur…

– Ecoute, Justine…

25 Maxime ne veut pas que la cousine de Fanny pense qu'elle l'intéresse. Mais il n'a pas le temps de lui expliquer, Karim et Fanny arrivent. Maxime est fier de son nouvel ami. Ce soir, ils vont faire la fête ensemble, tous les trois.

– Alors, chef ! Comment tu te sens ? demande Maxime à
30 son copain.

– Je suis super content ! dit Karim.

– Et moi, je peux venir avec toi faire la fête ? demande Justine à Karim.

---

12 **une mèche (de cheveux)** Haarsträhne

Justine veut aussi embrasser Karim. Elle lui dit qu'il est le meilleur et qu'il va devenir le plus grand cuisinier du monde.

– Ouf ! pense Maxime. Elle m'a oublié.

Fanny est à côté de lui. Il ne sait pas trop quoi lui dire 5 maintenant. Il est rouge comme une tomate.

– Max, je compte sur tes photos ! entend le garçon derrière lui.

C'est James.

– Dis, tu n'as pas faim, toi ? lui demande le journaliste 10 anglais. C'est bizarre ce concours du meilleur gâteau au chocolat où personne ne mange !

Maxime rigole. C'est vrai. Toutes ces émotions lui ont donné faim. Une faim de loup.

---

7 **compter sur qn/qc** sich auf jdm/etw. verlassen, *ici* = attendre – 14 **donner faim** Appetit machen – 14 **avoir une faim de loup** einen Bärenhunger haben

Pendant la lecture

Préparer

1. Que savez-vous sur Maxime, Fanny et Karim ? Ecrivez le portrait de chacun. Pour vous aider, faites un tableau et pendant la lecture, notez toutes les informations que vous donne l'auteur sur les trois jeunes.

Maxime	Fanny	Karim
Toulouse, sa grand-mère l'aide		

2. Pourquoi est-ce que Maxime, Fanny et Karim participent au « Concours des jeunes toques » ?

3. Voici trois résumés du 1er chapitre. Trouvez le bon.

a) Maxime, Fanny et Karim rêvent de devenir cuisinier et veulent aller dans le même lycée. Mais, avant, ils doivent passer un concours : faire un gâteau au chocolat et écrire un texte sur Bruno Ferrandi.

b) C'est l'histoire de trois vieux copains : Maxime, Fanny et Karim. Avant, ils habitaient à Lyon. Mais leurs parents ont déménagé et maintenant, ils discutent tous les trois sur Internet. Ils échangent des recettes de gâteaux au chocolat.

c) Maxime, Fanny et Karim vont tous les trois à Lyon pour passer un concours. Ils doivent faire le meilleur gâteau au chocolat. Le gagnant va passer un an dans le restaurant de Bruno Ferrandi.

4. Imaginez : Karim annonce à ses copains qu'il ne va pas à Lyon. Ecrivez les réactions de Maxime et Fanny sur le forum du site Internet du « Concours des jeunes toques ».

Voyager

1. Les trois copains ont rendez-vous à Lyon. Cherchez des informations sur cette ville dans le livre et sur Internet. Présentez-la.

2. Fanny écoute Miossec, Cali, Diam's et Olivia Ruiz. Sur Internet, cherchez des informations sur ces artistes et présentez-les.

3. A la gare, Justine dit à Maxime qu'elle est Fanny. Imaginez la suite du dialogue entre les deux garçons et les deux filles.

4. Plus tard, Fanny appelle sa mère. Qu'est-ce qu'elle lui dit au téléphone ?

Agir

1. Vrai ou faux ?

	Vrai	Faux	?
a) Karim n'a pas voulu aller au restaurant avec les autres.			
b) L'oncle Sébastien va souvent manger chez Bruno Ferrandi.			
c) Fanny ne sait pas que Maxime a une copine.			
d) Maxime fait les exercices de Fanny pour se calmer.			
e) Fanny et Karim aident Maxime qui peut alors faire son gâteau.			
f) Les tables de Fanny et Maxime sont à côté dans la salle.			
g) Ensuite, tous les chefs parlent de l'accident de Maxime et en rigolent.			

2. Pourquoi est-ce que Fanny croit que Maxime est malade ? Expliquez.

3. Connaissez-vous des grands cuisiniers français ? Sur Internet, cherchez des informations. Puis, présentez-les.

4. Bruno Ferrandi raconte l'accident de Maxime à un autre chef. Imaginez leur dialogue.

Attendre

1. A votre avis, pourquoi est-ce que Maxime ne se sent pas trop déprimé ?

2. Karim comprend que sa vie peut changer. Pourquoi ?

3. Vous rencontrez une personne qui fait le métier dont vous rêvez. Quelles questions est-ce que vous lui posez ? Imaginez le dialogue.

Choisir

1. Reliez les parties de phrases entre elles :

1. Karim a l'espoir d'être un grand chef		a. à sa famille.
2. Fanny pleure		b. ses photos à James.
3. Maxime va envoyer		c. lui aussi a faim.
4. Karim veut tout raconter		d. parce qu'elle est déçue *(enttäuscht)*.
5. Fanny se sent bien dans		e. comme Bruno Ferrandi.
6. Maxime pense que		f. les bras de Maxime.

2. Karim rentre à Lille et raconte à son père son voyage à Lyon. Ecrivez un texte au style indirect.

3. Relisez les pages 5, 6 et 7. Qu'est-ce qui a changé chez Maxime entre le début *(Anfang)* et la fin de l'histoire ? Faites un tableau et complétez-le.

Début	Fin

4. Imaginez comment Fanny va réagir après le « Concours des jeunes toques ». Ecrivez cinq phrases.

Après la lecture

1. Après le concours, Maxime écrit ce mail à Fanny :
   « Salut Fanny,
   J'ai quitté Léa. Tu me manques. Et toi, est-ce que tu es toujours avec ton copain ? Bises. Max »
   Ecrivez la réponse de Fanny.

2. Karim discute avec ses deux copains sur Internet. Il leur raconte son premier jour de travail chez Bruno Ferrandi. Ecrivez leur dialogue à trois.

3. Imaginez un dialogue entre Maxime, sa grand-mère et son père. Monsieur Bédouet apprend que son fils n'a pas gagné.
   a) Ecrivez la scène.
   b) Jouez-la.

4. A 5 ans, Karim préparait déjà le couscous avec sa mère. Beaucoup de plats viennent de régions ou de pays différents comme : le cassoulet, le couscous, le taboulé, la choucroute, la paëlla, la bouillabaisse, les moules frites, le poulet colombo, le foie gras, les escargots, la moussaka, la pissaladière, la tartiflette, les crêpes, la quiche, la pizza ? Est-ce que vous les connaissez ? Cherchez sur Internet et présentez-les.

5. Organisez un concours du meilleur gâteau au chocolat : il y a deux ou trois équipes. Chaque équipe cherche des recettes de gâteaux au chocolat et fabrique son gâteau. Une autre équipe doit choisir le meilleur gâteau et expliquer son choix.